祝福的超能力

Richard Brunton

祝福的超能力
作　者: 理察布朗登 Richard Brunton
譯　者: 卓萍璇 Amanda Cho Nolan
中文校對: 黃主恩
印刷出版: 克安祖/ 城堡印刷公司 www.castlepublishing.co.nz
封面設計: 保羅史密斯
印製地點: 紐西蘭
再版年份: 2018年
原著書名: The Awesome Power of Blessing

英文聖經經文引用新國王詹姆斯版本
Copyright ©1982 by Thomas Nelson, INC.

Published by Richard Brunton, New Zealand

中文聖經經文引用新和合本

版權所有•請勿翻印

ISBN 978-0-473-44850-9 (Softcover)
ISBN 978-0-473-44851-6 (ePUB)
ISBN 978-0-473-44852-3 (Kindle)
ISBN 978-0-473-44853-0 (PDF)

目錄

序 言	5
本書介紹	9
第一部　為什麼要祝福？	13
亮　光	15
話語的力量	18
我們的呼召－從講好話到祝福	21
什麼是基督徒的祝福？	23
我們的屬靈權柄	26
第二部　怎麼做？	33
一些重要的原則	35
建立一個乾淨嘴巴的生活方式	35
問聖靈該說什麼	35
祝福和代禱不一樣	36
不論斷批判	37
舉例說明	38
我們可能面對的不同情況	40
為辱罵和咒詛你的人祝福	40

為傷害和拒絕你的人祝福	41
為冒犯你的人祝福	43
以祝福代替咒詛	46
認識和打破咒詛	46
祝福我們的口	48
祝福我們的心思	49
祝福我們的身體	50
為你的住家、婚姻和孩子祝福	54
父親的祝福	60
說先知性的預言來祝福別人	64
為工作禾場祝福	64
為社區祝福	66
為土地祝福	68
祝福讚美上帝	69
一位讀者的結語	70
應用篇	71
如何成為基督徒	72

序 言

我鼓勵你讀這本書上強又有力的信息 – 你將會被改變！

有一天早晨當我和理察布朗登一起吃早餐時，他分享上帝啟示他有關於祝福的力量，我立刻看到這將對人產生巨大的影響力。

我錄下這段信息並在我們教會弟兄退修會中分享。弟兄們表達出他們也要整個教會都聽到這個信息。大家也開始在日常生活中的每個層面操練，我們也開始聽到令人讚嘆的結果。做生意的弟兄告訴我們他的生意，在兩個星期內從虧損到獲利。有些人開始祝福他們的身體時，也病得醫治。

還有因為聽到這篇信息開始有新的機會開啟。我應邀去肯亞和烏干達一場牧者退修聚會中分享信息。理察和我一起去，也在其中的一個時段分享"祝福"的信息。這個信息打破了隱藏在他們內心深處已久的空虛和痛苦。有很多人從來沒有被他們的父親祝福過，所以當理察以父親的身份來祝福他們時，許多人開始哭泣，立即經歷到靈裏和情感上的釋放。

在這時我知道如何為人祝福，已經開始影響我的生命，我開始尋找機會用"話語和行動" – 透過我所言所行為人祝福。你將享受閱讀這本書，同時你若開始也應用在你的生活中，你將經歷神國滿溢的繁榮與昌盛！

魏傑夫
魏傑夫事工
守約者事工主席
奧克蘭紐西蘭

上帝透過祝福他人帶出的能力，啟示祝福理察。我相信這也是上帝給我們的啟示。

理察真實的活出他所傳遞的，也讓人們可以真實的和這信息產生連結。

我們邀請理察到我們弟兄退修會來分享，這對許多人帶來極大的影響和生命的改變。

"祝福"這個話題抓住了參加守約者事工退修會的弟兄們的心。對於教導—"祝福"的重要性，有非常積極正面的回應，"祝福"和"說好話"所產生的力量。有許多的弟兄從來沒有收到過祝福或為人祝福。在聽到過理察的信息和讀過這本書後，他們領受到有力的祝福後，也裝備好自己: 奉聖父、聖子和聖靈的名為別人祝福。

我向您推薦"祝福的超能力"這本書，是釋放上帝完全的祝福在我們的家庭、社區和國家有力的管道。

保羅索布里斯基
守約者事工紐西蘭總監
奧克蘭紐西蘭

本書介紹

大家都喜歡聽到振奮的消息 – 但更棒的是,有人真的告訴你!

當我發現為人祝福的價值時,我就好像聖經上所說那個在田裏發現寶貝的人一樣。
我非常興奮的向魏傑夫牧師分享我的想法和我所經歷到的。在2015年2月,他邀我到教會弟兄退修會分享。弟兄們聽完後印象深刻,也希望整個教會都能聽到這個信息。

當我在教會分享時, 超凡事工的布萊恩法蘭牧師和守約者事工紐西蘭總監保羅索布里斯基正好也在聚會當中。之後我在超凡事工,斐濟和守約者事工分享。許多人開始領受,也開始操練,帶來極大的果效。有些人說他們從來沒有聽過神的國度有關這方面的教導。這個祝福的事工開始像滾雪球一樣。(上帝不是說過:人的禮物為他開路嗎?) 2015年底我隨魏傑夫牧師去肯亞和烏干達,在上百名牧者年度退修會中服事。這些牧者們也期待透過這個聚會得到新的啟示和指引，傑夫牧師認為祝福的教導可以幫助他們，於是就真的發生了。不僅僅是這些牧者們，還有來自美國、澳洲和南非的講員們也領受到這有力的信息，　這也鼓勵我要繼續把這延伸到更廣大的群眾。

當其他很熱門知名的網站已經存在時，我並沒有想要再去架構一個網站，　或寫一篇深入的文章來說明。　這篇"祝福"的信息其實非常的簡單 － 非常容易去操練 － 我不想把它簡單複雜化 － 這就是這本書的本意。

我也從以下的這幾本書上得到一些亮光:
祝福的能力，作者: 克凱里，
恩典流露: 成為一個蒙福的人，作者: 洛伊古德溫和大衛羅伯特
父親的祝福，作者:法蘭克漢默
祝福的神奇力量，作者: 馬利司柏奎司
我相信在這些年間，我從其他的書或人們身上，學習到的都融合在一起了。
我已經看見祝福的力量，將為那些真實行出來的人的生活開啟一條全新的路。現在很多時候，我都為人祝福 － 為信與不信的人，在咖啡廳、

餐廳、旅館、 候機室或車站，甚或在街頭。我祝福了孤兒、孤兒院的工作人員、在飛機上的一位空服員、果園、動物、皮夾、生意人，還有病人。當我向他們做父親的祝福時，有些大人甚至靠在我的胸膛哭泣。

我也發現以"是否可以讓我為你祝福/ 為你的事業祝福/ 為你的婚姻祝福嗎？" 的方式，為未信者祝福，比用"我可以為你禱告嗎？" ，更容易讓他們接受。這真的是一個很簡單的方法，可以表達出我們對人的關愛， 也在多年後帶領一位曾和家族有爭執的親戚認識耶穌基督的愛和救贖的能力。

我通常沒有機會去看到這個結果，但是我已經看到夠多生命因著祝福的改變，這也包含我的改變。

上帝的本性就是要祝福， 我們是按著祂的形像受造， 這個屬靈的DNA 也在我們裏面。聖靈正等待著上帝的子民跨出信心的一步，並用耶穌基督所賜給我們的權柄來贏回他們，使生命得改變更新。

我相信你會在這本小冊子上得到幫助的。耶穌不會讓我們軟弱無助的。當面對每個困難的處境時，宣告祝福是很容易被忽略掉的恩惠，但這可以改變你的世界。

好好的享受這本書吧！
理察布朗登

第一部
為什麼要祝福?

亮 光

我的太太妮可是新喀里多尼亞人,這也意味著我應該要學會說法文, 也得花些時間在她的出生地 - 努美阿。雖然新喀里多尼亞是以天主教為主的國家,不久前我注意到許多人仍然和"黑暗世界"有接觸,也保持著他們的信仰。對於那些接觸交鬼、觀兆或著巫醫的人,不了解他們實際上是在行巫術是很普遍的。

我記得我太太帶我去拜訪一位20多歲的年輕女孩,她被帶到另一個"醫生"那裏去治療,不久後她住進專門收容精神病和憂鬱症的療養院。我知道她曾是個基督徒,我和一位天主教的祭司一起服事她,我奉耶穌的名吩咐在她身體裏的邪靈離開她,這個女孩立刻得釋放,也很快的從這家療養院辦理出院。另外有一些自稱是天主教徒,但仍然供奉其他宗教的神像: 我遇到一位弟兄他有常年的胃痛。有一天我告訴他,我相信只要把你供奉的大神像丟掉 (他家大門前面有一尊大神像, 只要一到了晚上就亮起來),還有你所搜集的一些裝飾品都丟掉，你的胃痛會立刻得醫治。他當時非常的抗拒，說這些"死"的東西怎麼可能會使他生病？幾個月後我再見到他時，問他胃還痛嗎？他有點不好意思的回答：我後來接受你的忠告把那尊大佛像丟掉，我的胃現在好了。

另外有一次， 我被邀請去一位得癌症的婦人的家。在我開始禱告前， 我建議他們先把在客廳的佛像丟掉，她的丈夫立刻把佛像丟掉。之後我奉耶穌的名斷開在她身上的咒詛，還有吩咐在她身上的邪靈離開她。 她後來描述在禱告時，有一股陰冷從她的腳部升上來，從她的頭部離開她。

在這樣的背景下， 我決心教導在我們努美阿家聚會的禱告小組："咒詛"。這個教導是以葉光明牧師:身體的工作這本書為依據(葉光明牧師是20世紀知名的聖經教師)。當我用法文準備講章時，我學到法文"咒詛"是倒楣不幸的意思，"祝福"是賜福祈禱、贊成的意思，就字根的意思來說，就是"說不好的話"和"說好的話"。

我先前在比較"咒詛"和"祝福"時，"咒詛"意味著黑暗、沉重和危險；"祝福"相對是光明和仁慈的。我從前有聽過有關咒詛的教導，但從未聽過有關祝福的教導 – 這或許只是我個人的看法。但我還沒聽過有任何人在祝福其他人的時候是很認真的。 這可以延伸到基督徒對打噴嚏的人說"祝福你"，或在信件和電郵的最後寫上"祝福"，其實只是習慣性的用語，多過真心的祝福。

稍後我想到: "咒詛"和"祝福"這幾個字，如果"說不好的話"是非常有力量，那"說好的話"應該也是非常有力，並且因為是和上帝同工，或許會更有力量。

這個啟示還有其他的亮光，我們稍後也會談到，但這真的讓我上了一課。

話語的力量

不再去重覆很多書上已經談到過我們話語的力量,在這裡整理出我相信是很重要的部份。

我們知道:

生死在舌頭的權下,喜愛它的,必吃它所結的果子。(箴言18:21)

話語帶著巨大的能力一可以是正面帶有建設性,或者是負面帶有毀滅性。每一次我們說話時(甚至是用特別的語調為這話加上了意思), 我們對那些聽我們說話的人,甚至對我們自己說出"生命"或"死亡"。更進一步, 我們知道:

因為心裏所充滿的,口裏就說出來。善人從他心裏所存的善, 就發出善來;惡人從他心裏所存的惡, 就發出惡來。(馬太福音12:34-35)

因此, 挑惕的心就說出批評的話,自我為義的心就說出論斷的話,不感恩的的心就說抱怨的話,以此類推。同樣的,污穢的心就結出相同的果子。 這是一個充滿負面話語的世界。媒體日復一日的報導。 人的本性也是如此,我們總是不想對人或處境說好話。我們通常只有在一個人臨終前,才會對他說一些好話。

然而, 善人從他心裏所存的善,會使他說仁慈的話;一個心裏平靜的人會說使人和睦的話,諸如此類。

聖經上說: "喜愛它的,必吃它所結的果子",我們將收我們所栽種的 – 不是好就是壞。換言之,你將按著你所說的收到結果。那你打算怎麼做呢?

無論你是不是基督徒,這對全人類都是真的。但不管你是不是基督徒都可以說生命的話語。舉個例子,大家都可以說: "兒子啊!你做的真好!你將來肯定可以成為一個優秀的建築師或設計師。 你做的真的太棒了!"

但是, 重生的基督徒都有一顆新的心。聖經上說我們是 "新造的人" (哥林多後書5:17)。因此，基督徒更應該儘量說好話，避免說不好的話。如果我們不謹慎保守我們的心思和我們的口舌，我們會很容易就掉入負面當中。當你開始認真的去思考這個問題，你會很訝異基督徒也常常在無意中咒詛自己和別人。我們稍後再回來看這個部份。

我們的呼召—
從講好話到祝福

身為一個基督徒,我們有主耶穌在我們的生命中,我們可以不僅是說好話:用話語對人或一個困難的處境來傳遞祝福, 這也確實是我們的呼召。或許傳遞祝福就是我們最大的呼召。我們一起來讀下列的經文:

總而言之,你們都要同心,彼此體恤,相愛如弟兄,存慈憐謙卑的心。

不以惡報惡,以辱罵還辱罵,倒要祝福;因你們是為此蒙召, 好叫你們承受福氣。(彼得前書 3:8-9)

我們是蒙召為人祝福和領受祝福。

上帝對亞當和夏娃說的第一件事是祝福:

神就賜福給他們,又對他們說:要生養眾多,遍

滿地面，治理這地，也要管理海裏的魚、空中的鳥和地上各樣行動的活物。(創世記1:28)

上帝賜福他們，所以他們生養眾多。祝福是上帝的一個屬性，祂就是這樣的神！我們是從上帝而來的，和上帝一樣，我們也有一樣的權柄和能力去祝福別人。

耶穌的祝福: 耶穌在升天之前做的最後一件事，是為祂的門徒們祝福:

耶穌領他們到伯大尼的對面，就舉手給他們祝福。 正祝福的時候，祂就離開了他們，被帶到天上去了。(路加福音24:50-51)

耶穌是我們的榜樣。祂說我們應該奉祂的名，和祂做同樣的事。上帝造我們的目的，就是要我們去祝福。

什麼是基督徒的祝福？

在舊約聖經中，"祝福"這個詞是希伯來文 "barak"，原意就是"說出上帝的旨意"。

在新約聖經中，"祝福"這個詞是希臘文 "eulogia" (頌讚)，是從 "eulogy" (頌讚)這個字來的。 所以就是對人"說好話"或"說出上帝的旨意和恩惠"。

這就是我將在這本書上對祝福的定義。祝福是對人或處境(難處)說出上帝的旨意和恩惠。

上帝有絕對的能力獨自完成每件事，但祂選擇透過祂的子民與祂一起同工來完成。這也是祂將祂的國度帶到地上的方式。因此，祂要我們代表祂去祝福。所以身為一個基督徒，我可以奉上帝的名對人們或他們所處的處境和難處 說出上帝的旨意和恩惠。當我出於信心和愛，我也帶著從天而來的能力，並且我們可以期待上帝會把事情從現況中改變，帶到上帝所要的結果。 並且當我們帶著堅定的信心和愛來祝福人的時候,我們就賦於上帝去展開祂對那個人的計劃。

就另一方面來說,有些人在有意或無意之中,就把撒旦的話對他人說,甚至也對自己說,這就給魔鬼力量去開始對這個人進行: 偷盜、 殺害和毀滅的計畫。但感謝讚美主,那在你們裏面的比那在這世界的更大!(約翰一書 4:4)

上帝的本性就是要祝福!上帝要祝福我們的心意是超乎我們可以理解的。沒有任何事可以阻止祂。祂定意要祝福人類。上帝渴望耶穌有許多的弟兄和姐妹, 就是我們! 然而祂不僅要祝福我們,祂更渴望我們去祝福其他人。

當我們奉上帝的名為人祝福時,聖靈就降臨,因為我們反映出上帝正在做的事,我們說的話是上帝要說的。 我常常很驚訝地發現這是多麼的真實。 當我祝福別人時,聖靈也參與其中觸摸那人,釋放出愛的大能並且開始改變事情。人們常在被祝福之後過來擁抱我, 或邊哭邊說: "你知道這是多麼的及時嗎?" 或說 "這正是我現在最需要的"。

這裏有些需要注意的重要原則:

我們從與上帝的親密關係中得到祝福， 是在祂的同在中。 並且我們的靈向神敞開是非常重要的。我們的話就是祂的話，帶著聖靈恩膏和大能，來成就上帝在那個人或處境的心意。 讓我們再更深入一些…

我們的屬靈權柄

在舊約聖經中， 祭司為百姓代禱，也為百姓祝福。

你們要這樣為以色列人祝福，說：
願耶和華賜福給你，保護你。
願耶和華使祂的臉光照你，賜恩給你。
願耶和華向你仰臉，賜你平安。
他們要如此奉我的名為以色列人祝福；我也要賜福給他們。
(民數記6:23-27)

在新約聖經中，我們基督徒被選召為:

惟有你們是被揀選的族類，是有君尊的祭司，是聖潔的國度，是屬上帝的子 民，要叫你們宣揚那召你們出黑暗入奇妙光明者的美德。(彼得前書2:9)

同時耶穌

又使我們成為國民,作祂父 神的祭司。(啟示錄 1:6)

不久前我坐在奎恩多 (是新喀里多尼亞的一個觀景點),為禱告小組預備信息時。我感覺上帝說:"你不需要知道你是誰"。 幾個月之後,上帝又對我說: "如果你知道你擁有的權柄是來自基督耶穌,你將可以改變世界。之後我了解這兩句話,不僅是對特定的小組和人說的, 也是對我說的。

我想基督徒都知道,我們可以對著疾病或難處(高山—馬可福音11:23)說: "得醫治",會比問上帝來做有果效 (馬太福音10:8 醫治病人,叫死人復活, 叫長大痲瘋的潔淨,把鬼趕出去。你們白白地得來,也要白白地捨去。)

信的人必有神蹟隨著他們,就是奉我的名趕鬼;說新方言;手能拿蛇;若喝了甚麼毒物, 也必不受害;手按病人, 病人就必好了。(馬可福音16:17-18)。這當然是我個人的經驗,也是很多現行知名受敬重的牧者在醫治釋放事工上的經驗。我相信耶穌是要: 我們奉祂的名去醫治病人。這是耶穌要我們去做的,讓我們來做吧!

上帝要醫治,但祂要透過我們去醫治!
上帝要釋放,但祂要透過我們去釋放!
上帝要祝福,但祂要透過我們去祝福!
我們可以請上帝祝福,或是我們直接"奉上帝的名"去祝福!

很多年前,我記得我提早到公司花時間為我的事業祝福。 我剛開始是以"上帝請祢祝福科爾馬布朗登"。但覺得很單調。然後我有一點膽怯,沒什麼信心,很小聲的從 "上帝請你祝福科爾馬布朗登" 改成:

科爾馬布朗登,我奉聖父、聖子和聖靈的名祝福你。
我祝福你在奧克蘭, 我祝福你在威靈頓,我祝福你在各地。
我祝福你的工作,我祝福你的家庭,我釋放上帝的國度在這裏。
聖靈請祢來, 我們歡迎祢。
我釋放仁愛、喜樂、和平、 忍耐、 恩慈、良善、溫柔、信實、 節制與合一。
奉上帝的名, 我釋放從神國而來的創意,可以幫助我們的客戶成功，使世界變得更好。
我釋放上帝的恩寵在客戶的市場上。
我釋放恩寵在工作禾場上。
我祝福我們的異象："更成功的事業，更美好的世界"！
奉耶穌的名！阿們！

我也感動要在公司入口處畫上十字架，並且以耶穌的寶血為我的公司做屬靈防護性的禱告。

當我將"上帝請你祝福科爾馬布朗登"改成"科爾馬布朗登，我奉聖父、聖子和聖靈的名祝福你"的這一刻起，上帝的恩膏臨到我，我感到上帝是喜悅和肯定的。祂像是在說："孩子，對了！我就是要你這麼做。"雖然到現在我已經不知道做了多少次了，我總是能感受到上帝是很喜悅我這麼做的。這個祝福的結果是什麼呢？辦公室的氣氛改變了，而且是快速的改變，是到了人們都會公開談論它，並想探討為什麼會變得這麼不一樣？真的很讓人驚奇！祝福真的可以改變這個世界。

但我並不就此停住。早上當辦公室還沒有人進來時，我會到某個需要智慧來處理一件事的同事的位子前， 我按手在他的椅子上祝福他，我相信這個祝福的恩膏，會透過這張椅子， 傳遞到坐在這個位子的人 (使徒行傳19:12甚至有人從保羅身上拿手巾或圍裙放在病人身上，病就退了，惡鬼也出去了。)。當我注意到有人有特別的需要時，我就用這個方式祝福。

我特別記得有一個同事很習慣的"冠上"上帝的名說褻瀆的話。有天早上，我按手在他的椅子上，奉上帝的名捆綁褻瀆上帝的靈。我這樣做了好幾次，這邪靈最後降服在上帝的大能，從這個人的身上離開，他從此沒再說這樣的話。

我還記得有位弟兄來找我禱告，要上帝帶他離開他工作的地方，因為他的每個同事都說褻瀆的話。我持相反的觀點，告訴這位弟兄上帝是要來他祝福他的公司， 並且改變氣氛！我們可以改變我們的世界。

我有一個看見，上帝迫切的要祝福我們， 也迫切的希望祂的子民，祂的兒女們來祝福其他人。用你的屬靈權柄，開始去祝福吧！

我們的天父要我們與祂一起同工，做救贖的工作。我們可以祝福人得醫治和釋放，也可以用我們的話語為人祝福。我們是上帝用來祝福這個世界的，是何等的殊榮與使命！

對我來說，祝福就是說出上帝對人的生活或處境：雙眼張開，帶著愛和堅定的信心，用上帝所賜的屬靈權柄和能力說出上帝的心意。不需要是聖靈充滿很屬靈的，是非常的單純：祝福是透過信心對人的處境宣告上帝的心意。當我們宣告上帝的心意時，我們不僅是釋放祂的大能來改變事情，也是把這件事情從現在的景況，帶到上帝要帶領他去的位置。

要記住 – 我們蒙福是因為我們祝福！

第二部

怎麼做？

一些重要的原則

建立一個乾淨嘴巴的生活方式

頌讚和咒詛從一個口裏出來！ 我的弟兄們， 這是不應當的！(雅各書3:10)

你若將寶貴的和下賤的分別出來，你就可以當作我的口。(耶利米書15:19b)

如果你要將上帝的心意對人說出來，你要避免說一些無用的話 – 甚至更糟的話。

問聖靈該說什麼

透過敬拜和方言禱告來挑旺你的靈。求問聖靈讓你感受到天父對這個你要祝福的人的愛。你可以像這樣來禱告:

父神， 你要我說什麼？請賜給我一句話來祝福他。讓我知道怎麼鼓勵或安慰他(她)。

祝福和代禱不一樣

對多數的人來說，要學會說出祝福的話是相當困難的。通常是從"代求"開始，"求"上帝去祝福。雖然這是一件很好的事，但用這個方式來祝福，事實上是一個禱告，去知道他們的不同之處是很重要的。說出或宣告祝福，並沒有取代禱告或者代禱，乃是帶著對人的憐憫 – 應該常常這樣做。

恩典流露的作者洛伊古德溫和大衛羅伯特在書中提到非常好的論點:

當我們為人祝福時， 我們眼睛要注視著對方(如果他正在一個難處中)，並直接對他(她)說。我們可以這樣說:

我奉上帝的名祝福你: "耶穌基督的恩惠臨到你，天父的愛圍繞充滿你！"； 你可以從你內心深處真實的知道祂完全的接納你，並且被祂的喜樂充滿。

請注意"我"這個第一人稱，是我奉上帝的名直接為這個人祝福。我並沒有向上帝禱告或使用上帝給我們的權柄去為人祝福，期待祂可能會來祝福他們。

不論斷批判

不要評斷那人是不是配得祝福。真正的祝福，是對人或事說出上帝看待的方式。上帝的焦點並不在於那個時刻他們看起來如何，而在於他們應該要如何。

例如: 上帝是在基甸什麼都還不是的時候，就稱基甸為"大能的勇士" 耶和華的使者向基甸顯現，對他說：「大能的勇士啊，耶和華與你同在！」(士師記6:12)。耶穌稱彼得為"磐石"，是在他還沒有"肩膀"讓其他人可以倚賴他的時候(馬太福音16:18我還告訴你，你是彼得，我要把我的教會建造在這磐石上；陰間的權柄，不能勝過他。)。我們更進一步來讀: 叫死人復活，使無變為有的 神 (羅馬書4:17)。如果我們能瞭解，就可以除去我們很輕易的去評斷那人是否配得祝福。

當越少人配得祝福時，就更需要為他們祝福。我們為不配得祝福的人祝福時,將得到最大的祝福當做獎賞。

舉例說明

想像一下弗瑞德有酗酒的問題。他的太太非常的不開心,或許她會這麼禱告: "上帝祝福弗瑞德,讓他戒酒也聽我的。" 但她若改成下面的禱告會更有力量:

弗瑞德,我奉上帝的名祝福你。上帝在你生命中的計劃可以成就實現。你要成為上帝要你成為的人,丈夫和父親。我祝福你從酒癮中得自由。基督的平安與你同在。

第一個祝福禱告是把問題交給上帝,自己並沒有太多的努力 – 其實是有一點懶。並且帶著批判和自以為義,把聚點放在弗瑞德的罪上面。

第二個禱告是需要更多的思考和愛。不帶著任何批判,把焦點放在弗瑞德的未來而不是現在的問題上。最近我聽到有人說撒旦也知道我們的名字和潛力,但卻是用我們的罪來召我們, 雖然上帝也知道我們的罪， 卻是以我們的名字和潛力來召我們。

第二個禱告是更多的持守在上帝對我們的計劃和旨意上。也反映出上帝對我們所懷救贖的心。要記住，上帝愛弗瑞德。

我們可能面對的不同情況

我還是一個在學習如何祝福的學生。一開始我不知道怎麼去祝福,也沒有得到很多人幫助我。但我很快就了解到,有各種不同的情況。我在這裏也針對不同的情況,提供給各位面對不同的狀況該如何做。你可以在你需要的時候應用, 並以聖靈給你的感動來為人祝福。這是需要練習的,但是非常值得的。

為辱罵和咒詛你的人祝福

很多年前, 一位離職不久的員工來我家喝咖啡和道別。她的信仰是新世紀: 相信一切都有神性,諸如此類的。在我們聊天的過程中,她提到她的上兩個工作在她離職後,都接連的破產倒閉。我當時還是個新生的基督徒,但我辨認出她說的話是一種咒詛。我當下有幾秒鐘的時間感到一股懼怕, 但我從內心拒絕她說的這些話。我沒有直接上前祝福她,在取得她的同意後,我按著我心裏的感動為她祝福,我應該是這樣為她祝福的:

黛博拉(不是她的真名)，我奉上帝的名捆綁一切巫術在你生命中的影響。我奉耶穌的名祝福你：願上帝的恩惠臨到你，願上帝在你生命中的旨意能成就….我祝福你的恩賜可以祝福你未來的老闆，榮耀上帝。願你成為上帝要你成為的美好的女子，奉耶穌的名祝福，阿們！

為傷害和拒絕你的人祝福

我曾經為一位姐妹禱告，她在她的丈夫離開她後，一直在情緒和財物上很難穩定。我問她是否願意原諒她的丈夫，雖然這真的很難，但她還是相信也願意。然後我又問她是否願意祝福她的丈夫？她有點吃驚，但還是願意這麼做。即便當時她的丈夫不在那裏我帶她這麼祝福：

我的丈夫，我奉上帝的名祝福你。願上帝在你的生命和對我們婚姻的計劃都能實現成就。願你成為上帝要你成為的男人，丈夫和父親。願上帝的恩惠和恩寵與你同在。奉耶穌的名祝福，阿們！

雖然一開始這麼做時是有點尷尬，但她很快的就抓住上帝的心意，然後上帝的恩膏降臨，我們都哭了，聖靈開始服事她，我相信聖靈也在她丈夫身上動工。上帝的道路,非同我們的道路。

要為類似這樣的情況祝福,其實是非常需要勇氣的,需要上帝的大能介入,甚至是像基督一樣的。

為不配的人祝福是上帝的心意,可以說是祂的特色。 想一下和耶穌一起釘在十字架的盜匪和那個行淫時被抓的婦人。那你和我呢?

祝福是脫離世俗和違反直覺的,這不是人在有害的情況下會自然而然地傾向於做的事情。這是上帝的方法, 透過祝福可以同時醫治為人祝福的人和領受祝福的人。它可以砍斷苦毒不讓它繼續擴散、報復、忿恨和怒氣, 因為這些都可能虧損你的健康或危害你的生命。

以下這個見證是丹尼斯最近透過email寄給我的:

大約三個月前,我和我的兄弟通電話,他住在另外一個城市和工作,我們並不常聯絡。

在我結束我們客套的聊天時,我問他是否可以讓我為他和他妻子的生意祝福時,他的回應並不是很友善，他說了一些話讓我很沮喪，我當時想我們的關係是不是會無法再修復。但在接下來的幾週，我應用"祝福的超能力"的原則，宣告上帝的恩惠為我兄弟的生意祝福。有時候一天做二到三次的祝福。三個月之後，在聖誕節前一天，我的兄弟打電話給我，好像沒事發生一樣。我非常訝異他友善的態度，我們之間也不再有任何的嫌隙。

祝福的大能，真的可以在我們無法掌控景況時，產生意想不到的果效…讚美主！

為冒犯你的人祝福

當有些人很自私，完全不考慮到別人，不遵守交通規則，這些都會讓我們生氣抓狂。這些事不斷的重複發生，很多時候髒話可能就會從我們的嘴巴說出來。當我們這麼做的時候，我們是在咒詛上帝所造和所愛的人。上帝可能會保護那個人。

下次當這再發生時，請試著祝福這位駕駛來代替說生氣的話：

我祝福擠進我前面駕駛習慣不好的年輕人。我宣告上帝的愛臨到他。我釋放上帝的良善和對他生命中的旨意臨到他，我祝福這個年輕人和他的潛力，我祝福他平安的回到家，也成為他家庭的祝福。奉耶穌的名祝福，阿們！

或者比較不正式:

天父，我奉上帝的名祝福那輛車的駕駛。願祢的愛追著他，超越他並吸引他！

有位讀者做了一個有意思的觀察:

我注意到一件事，祝福已經改變我。我就算無法去祝福冒犯我的人，但我知道對他們說不好的話也是不好的。取而代之的是，我希望透過祝福能帶來好的結果… － 朱利安

我的朋友約翰有一次邀我去為一個因遺產分配發生爭執的家庭禱告。因為他們的爭吵，使這個事件因此拖延也搞得大家都很不高興，我建議我們以祝福這件事來代替禱告。於是我這麼做:

奉耶穌的名，我們祝福這個因遺產分配所引起

的爭執。奉耶穌的名,我們拒絕一切的敵擋、分裂、爭吵和衝突,我們釋放公義,公平與合一。並且我們祝福我們願意放下我們自己的想法和慾望,我們釋放上帝的大能在這個事件中來做主掌權。奉耶穌的名祝福,阿們!

幾天之後這件事情平和的落幕。

我很喜歡我一些讀者們的分享,以下是強克遜城奧勒岡拿撒勒人教會達倫歐洱斯牧師的分享:

看到那些被我祝福的人,在他們生命中產生如此的快速的果效,讓我非常驚奇。這就好像上帝已經準備好要把祂的愛對人們釋放出來,但需要我們願意對他們釋放祝福的禱告。

祝福真的可以改變我們的世界。

以祝福代替咒詛

認識和打破咒詛

我很醜,我很笨,我笨手笨腳的, 我的頭腦實在是不聰明(不靈光), 沒人會喜歡我,上帝絕不會使用我,這些是多麼普遍的想法啊? 撒但用許多的謊言讓我們相信都是真的。

看著我一個朋友不斷的重複這些負面的話: "喔!柔絲(假名),你這個傻女孩,你看你又搞砸了,你老是沒辦法做對…" ,讓我非常很難過。

不要接受或重複這些咒詛!相反的要開始祝福你自己!

我記得有一個禱告團體,有一次有位姐妹來要我們為她禱告, 我分辨出她身上有"一無是處"的靈。在禱告的過程中,她說:"我很笨!" 我問她這是從哪裡聽來的? 她告訴我是她的父母對她這樣說的。這實在讓人難過,但也真的是很普遍平常。

之後,我帶她做這樣的禱告:

奉耶穌的名,我原諒我的父母親,也原諒我自己。我破除我的父母和我自己對我自己說的這些話語的力量。我有基督的聰明,我是聰明的,阿們!

我們棄絕"被拒絕"和"一無是處"的靈,並且我祝福宣告她是上帝的公主,她在上帝眼中是非常有價值的,上帝將要使用她去祝福別人,不僅要醫治人的情感,也把盼望帶給人。我祝福她可以勇敢的跨出去。

她慢慢的把這個祝福吸收進去了,她開始發光。在接下來幾週她不斷的數算她為多少人祝福,我們真的可以改變這個世界。

任何人都可以做到這一點。整本聖經充滿上帝對人的心意,我們可以宣告上帝對人的心意。

我要分享另一個例子: 我為一位最近常胃痛的姐妹禱告。當我開始為她禱告時， 聖靈降在她的身上，邪靈就離開她。但幾天之後她又開始胃痛，她問上帝"為什麼？"，聖靈光照她，不久前當她參加一個營會時，有人告訴她要確定雞肉有煮熟，不然大家吃了會生病。她當下回答: 她在營會的這幾天不要生病，但之後沒關係。在她斷開這些無心說的話的力量後，立刻得醫治。

祝福我們的口

我祝福我的口:可以將寶貴的和下賤的分別出來，可以當作上帝的口。(耶利米書15:19)

耶穌行使的很多神蹟，都是透過口裏說的話來完成的。例如: "回去吧！你的兒子活了。" (約翰福音4:50) ，我也要這樣，所以我要祝福保守我口裏說出的每句話。

有一次我和我太太住在新喀里多尼亞的一間旅館，我們在夜裡總是聽到一個嬰兒淒厲的哭聲。幾天之後的一個晚上，我和我太太到我們客房外面的的陽台上,問這個嬰兒的母親發生了什麼事事?這位母親說她也不知道真正的原因,雖然寶寶已經連續服用三次醫生給的抗生素,但還是沒有用。我太太問她是否可以讓我為這個嬰兒禱告,這位母親儘管有些懷疑,還是同意了。於是我以我非常有限的法文為這個嬰兒禱告,帶著信心對這個嬰兒宣告:"她必像嬰孩一樣睡得安穩",從那刻起她就好了。

祝福我們的心思
我常這樣說,

我祝福我的心,我以基督的心為心,我以基督的想法為我的想法。願我的心成為聖所,是聖靈樂意居住的地方。願我的心得到知識和智慧的言語和得到啟示。有時候我也會掙扎於思想的純潔性,然後我找到了方法:"我祝福我的心思,願我的心思是用在好的地方而不是壞的地方"。有一天我很難控制我的心思意念,它一直漂到我不願意去的那些地方,那時上帝光照我:"想一下耶穌行的那些神蹟,然後想一下你也在行同樣的神蹟"。我發現這是非常有效的方法:去想一些好的事情(參腓立比書4:8)，比禁止不要去想什麼來得更好！祝福你自己的心思和意念可以幫助你成為聖潔。

有一次我對於自己的思維模式失敗感到低落，這時有一首很老的詩歌-"成為我異象"，浮上心頭：

成為我異象，我心中主宰，
萬事皆虛空，除我主以外，
主是我晝夜 最美思想，
清醒或睡眠，我主都同在。

祝福我們的身體

"喜樂的心乃是良藥" (箴言17:22)，你對這節經文熟悉嗎？這節經文告訴我們，我們的身體會對正面的話和想法做出反應：

我奉上帝的名祝福我的身體，我拒絕疾病在我身上，我祝福我有健康的身體！

有一次看一個影片，關於一個人有很嚴重的心臟的問題。他的心導管已經阻塞，他為他自己的心

為你的住家、婚姻和孩子祝福

為你的住家祝福

每年至少一次為你的住家做祝福禱告,是一件很好的事。運用你的屬靈權柄,為你居住的房子祝福,為它做潔淨禱告,並把它再次分別出來獻給上帝。當你這麼做時,不僅是邀請聖靈住在這裏,也同時讓不屬上帝一切都離開。

一間房子不僅是磚塊和水泥的混合物,也是具有人性的。正如你現在有合法的權力進入這間房子,其它的靈也有合法權進入,可能還比你早進入。這個地方也許曾經發生過一些事情帶來祝福或咒詛。不管發生過什麼事,你有權力去決定這個地方的屬靈氣氛。若這個地方因著過去發生的事仍然有黑暗勢力,你是可以察覺到的, 並且取決你是不是要把它趕出去。

當然,你必需要察驗是什麼樣的黑暗勢力,在你不知情的狀況讓它進入你的家。你是否有不屬神的圖畫、藝術品、書籍、音樂或是DVD?或者是你看不該看的電視節目?或是在你家中有得罪神的事情?

我開始作一個實驗，每天早上起床時，對我的身體的一個部位祝福，我感謝它正常的運作，讚美它總是做得非常好。我讚美我的手指是靈巧的，可以完成工作上需要的各種技巧。我為我的雙腿協調，可以行動敏捷而讚美感謝。我讚美感謝我身體的每個部位，都正常的運作。有件奇怪的事發生了：

我的身體和精神上都感到比以前好很多，我想到我的腰有個部位的骨頭已經痛好幾個月了，我需要常去搓揉這個部位，才能暫時疏解抽痛。於是我想到去對準這個疼痛的部位讚美，我讚美我的身體有自癒的能力，可以有韌性去戰勝這個疼痛；並且當我的下背在醫治進行的時候，其它的部位也可以很好的支撐這個身體。只過了約三週的時間，有天早上我醒來的時候發現我的手臂已不再痛，我的腰也不再痛，完全得醫治。

我瞭解到確實是有時間和空間，讓醫治的恩賜透過我們信心的行使，來使其他人受益。還有另一個方法，是我們自己可以行使這醫治的恩賜來醫治我們自己。這是一個謙卑的功課，我們可以相信上帝已經賜給我們一個新的身體，我們可以有信心往前，用新的方式過全新的生活。

臟動脈祝福約三個月， 宣告他們是受造奇妙可為。當他再回去醫院檢查時，驚人的發現他有全新的心導管。

我想對我的皮膚也這樣做做看。我年輕時候曾有嚴重的曬傷，現在年紀大了我的肩膀和背部會有小的皮膚瘤長出來，必需每隔幾個月就去做冷凍治療把他們除去。我決定祝福我的皮膚。我剛開始只是奉上帝的名，祝福我的皮膚。在我讀了一些有關於皮膚的性質的書籍後，我的觀點改變了。我明白雖然我被皮膚包覆著， 我並不是真的知道皮膚是我身上最大的器官。我有提到過但我從來沒有真的"講"到，我也懷疑我是否有對它講過好的話？相反的是，我並不是很感謝，我是抱怨的。

但皮膚是很神奇的，是我們身體的"空調"和"衛生"系統， 它保護我們免於病菌的入侵也有自癒的能力。它雖然不是很漂亮，但包覆保護我們身上的每個器官。

奉上帝的名：我為我皮膚上的皺紋和一切感謝上帝！我祝福我的皮膚！

經過幾個月這樣的禱告後，我的皮膚幾乎完全好了，關鍵是我開始感激和感謝我的皮膚是受造奇妙可為。這真的給我上了很好的一課。抱怨使神的國遠離，感謝吸引神的國降臨。

以下是我的朋友大衛古德曼的見證：

幾個月前我聽到理察教導祝福的主題，看起來是很一般，但因著是從上頭而來的，帶來很大的迴響。重點是，我們基督徒有這個權柄直接去祝福，並不需要向上帝祈求。身為基督的使者，為著神國的緣故，我們有責任把它帶入這個世界，使人們的生活被影響改變。在我們為他們祝福的同時，也向他們顯明基督是誰。

顧念別人的這個想法是好的，但當我開始有為自己祝福的想法時，我好像撞到了牆。我無法擺脫我是不值得的和自私的想法，我總把上帝的恩典看作是理所當然的。但當我看到我們基督徒是新造的人，我們的重生是為了讓上帝實現在我們生命中的旨意和計劃時，我的想法改變了。為此，我們必須珍惜和看顧我們的身體，使它成為聖靈居住的殿。

你可以用這個禱告的範例，在你的家一個房間一個房間的行走禱告：

我祝福這間房子，我們的家。 我宣告這間房子是屬於上帝，我把它奉獻給上帝歸於主耶穌基督。這是充滿祝福的房子。

我取用耶穌的寶血，打破在這間房子的每一個咒詛。我奉耶穌的名，命令所有的邪靈污鬼離開這間房子，不准再回來。我斥責命令一切衝突的、分裂的、紛爭和貧窮的靈離開。

聖靈請祢來趕走一切不屬祢的靈。讓這間房子充滿祢的同在，並結滿：仁愛、喜樂、和平、恩慈、忍耐、良善、溫柔、信實和節制的聖靈的果子。我祝福這間房子有愛與平安湧流。我祝福所有進到這間房子的人，都感受到祢的同在，並被祝福。奉耶穌的名，阿們！

我也在我住宅的邊界上，繞行做屬靈的祝福禱告，並取用耶穌的寶血遮蓋， 保護這房子和住在這裏的人，遠離各樣的兇惡和自然界的災害。

為你的婚姻祝福

我們可以擁有祝福或咒詛的婚姻。當我第一次讀到克里柯克伍德所寫的"祝福的力量"這本書時,我確實是蠻震驚的,並想這是真的嗎?

我認真的想了很久,相信這些話是非常正確的,任何一個不快樂的婚姻或小孩,都是因為我們沒有祝福他們!透過祝福,我們得到上帝對我們毫無保留的美善,包含長壽和健康的關係。我們成為伴侶和分享者,我們一起蒙受祝福。

不要咒詛,要祝福!夫妻之間因彼此太瞭解對方, 也知道對方的地雷。但你是否對你的配偶說過這樣的話?或是這些話也對你說過?"你總是不聽","你的記性真的很差","你真的不知道怎麼煮菜","你實在是沒救了"⋯如果常常這樣說,就真的變成咒詛了。

不要咒詛,要祝福!記住,如果當你咒詛 (說死亡的話)時 ,你就無法承受上帝要給你的祝福。更糟的是,咒詛對我們的影響,比我們咒詛的還要多。這會不會是我們禱告不蒙垂聽的原因之一呢?

學習去祝福,就像學一種新的語言, 剛開始會有點奇怪。例如:

妮可, 我奉聖父、聖子、聖靈的名祝福你。我釋放上帝的所有良善臨到你, 並且祂對你生命的旨意都能實現。我祝福你有好的人緣, 可以很容易與人結交,讓人們可以感受到你親切和善好相處。我祝福你成為上帝的使者,你對人的接納,就像上帝接納我們一樣。我祝福你,即便到老也有這樣的活力。我祝福你健康長壽。我祝福你充滿喜樂的膏油。

為你的孩子祝福
有許多祝福孩子的方法。在這裡和各位分享我對我四歲孫女的祝福:

艾許莉,我祝福妳的人生。願妳成為屬神的美好的女子。我祝福妳有剛強的心靈, 有智慧聰明做對的決定。我祝福妳有健康的身體, 並在婚前持守聖潔。我祝福妳的手和腳,去做上帝要妳做的事。我祝福妳的口,說真理和鼓勵造就的話語。我祝福妳對上帝有堅定的心。我祝福妳未來的婚姻,和妳的丈夫,孩子過幸福合一的生活。

我愛妳所有的一切，艾許莉，我以能成為妳的祖父為榮。

當孩子在一些領域有所掙扎時，我們可以適當的祝福他們。如果他們在學校的學習有困難時，我們可以祝福他們可以記住，明白理解老師所教導的；如果他們被霸凌，我們可以祝福他們智慧和身量並上帝和其他孩子愛他的心，一齊增長。

我記得和一位敬虔愛主的姐妹聊到她的孫子時，她總是關注在她孫子的錯誤，叛逆的態度，和他在學校一些行為的問題上。他們送他去一個營會，希望他可以改正，結果又被送回家，因為他實在很會惹麻煩。

在聽她談她孫子一段時間後，我告訴她所有她談到她孫子的話，其實在無意中已經咒詛了她的孫子，而且她的話挾制(壓制)了她的孫子。她開始停止對她孫子說這些負面的話，相反的，她開始刻意的祝福她的孫子。她的丈夫(孩子的祖父)也開始這樣做。在很短的時間內，她的孫子完全的改變了，他再回去參加營會，整個人都脫胎換骨。這是一個祝福的超能力的快速有果效的例子。

做父親的可以為他的孩子做的最美好的一件事是：父親的祝福！這是我從法蘭克漢默一本非常棒的著作："父親的祝福"這本書學到的。沒有父親的祝福，總是會感到有些缺憾，父親說出一句話時，是沒有其它東西可以取代的。各位父親們，要開始為你的孩子和其他家庭成員按手祝福，(可以把手按在他們的頭或肩膀上)，常常祝福他們。你將發現上帝會在你們家庭中，賜下更多美好的祝福。

每次當我分享這個信息時，我總是問在場的成年男女，"你們當中有多少人曾經被你們的父親按手祝福過的"？每次都只有非常少的人有被自己的父親祝福過。我換另一個方式問他們，"有沒有從來沒被父親按手祝福過的"？幾乎所有的人都舉手。

我接著問他們，是否可以讓我在這時候以屬靈父親的身份代替他們的父親，以聖靈的能力為他們做以前沒有領受過的祝福？當我開始為他們祝福時，眼淚、喜樂、得釋放和醫治充滿整個會場，總是讓人感動不已！

如果你也渴望要父親的祝福，可以像我一樣大聲的自己說出以下的禱告文。這個祝福禱告文,是我從法蘭克漢默的書改編來的。

父親的祝福

我祝福你: 我的孩子,我愛你! 你是特別的。你是上帝賜給我的產業。我感謝上帝讓我成為你的父親。我因你歡欣喜樂,以你為榮。

我祝福你因著遭受被拒絕、被忽略和受虐的一切傷害都得醫治。奉耶穌的名, 我砍斷那些曾經在你生命中說過的所有刻薄和不公平的話語的力量。

我祝福你有和平君王所賜的平安如江河湧流!

我祝福你有豐盛的人生, 結滿良善豐富有餘的果子!

我祝福你成功,居首不居尾,居上不居下!

我為上帝賜給你的各樣恩賜才幹祝福你。我祝福你有智慧做出正確的決定,在基督裏扎根生長。

我祝福你昌盛繁榮，使你成為別人的祝福。

我祝福你有屬靈的影響力，要成為世上的鹽和光。

我祝福你有更深的屬靈洞察力，要一生與上帝同行。你必不致搖動，因為上帝的話是你腳前的燈和路上的光。

我祝福你成為耶穌要你成為的人。

我祝福你能看到，欣賞別人的身上的長處，而不是看到缺點。

我釋放職場的恩膏在你身上，不僅讓人看見你的好品格，更在你的工作上有創造力和卓越傑出的表現來榮耀上帝。

我祝福你結交到好的朋友，在人與上帝的眼前蒙恩寵。

我祝福你充滿上帝豐沛的愛，讓你把上帝的恩惠帶給週邊的人。上帝使用你來安慰人。我的孩子，你是蒙福的！在基督耶穌裏你有各樣屬靈的祝福。阿們！

父親的祝福見證集

肯亞・魏克理牧師：
父親的祝福改變了我。自我出生以來，沒聽過這樣的教導。從小到現在，我沒聽過我的父親對我說過祝福的話。上帝透過理察，讓我知道我需要被禱告，和有一位屬靈的父親，釋放父親的禱告在我的生命中為我祝福。當你為我做父親對兒子的祝福時，我的心不僅得到安慰釋放，現在我很喜樂，也很蒙福。

萊恩：
我經歷很長的一段時間在抑鬱痛苦之中，不斷的和我自己的身、心、靈打仗。我想要醫治我的過去，結果發現原諒我父親才是我能得醫治的關鍵。不僅是他過去曾經對我的傷害，但更多的是他沒做到，他忽略掉的部份。我的父親從來沒告訴過我他愛我。他有情感表達的障礙，他有沒辦法說出"愛的"、"關懷的"和"感性的"這些話，無視於我靈裏非常渴望聽到這些話語。

在我經歷饒恕的內在醫治過程中，雖然我的沮喪憂鬱得醫治，但我身體還是有一些症狀，最嚴重的是腸躁症。我吃醫生的開的藥，也按照醫生的囑咐吃東西， 但還是沒什麼效果，醫生告訴我只能控制這些症狀，但沒辦法根治。

我的朋友理察，告訴我有關於父親的祝福，和人們的回應。我的靈就抓住了這個想法。我開始去注意一個事實， 就是當我在饒恕我父親時，有一個缺口留在那裏， 那就是我"靈裏渴望"的這個缺口，沒有被填滿補足。

有一天早上和理察一起吃早餐時，這件事發生了。理察就代替我父親， 為我做父親為兒子的祝福禱告。聖靈降在我身上， 充滿我一整天。這真的是一個很奇妙美好的經驗， 我靈裏以前痛苦的地方，得到了平安與醫治。

出乎意料的結果，是我的腸躁症得到完全的醫治。我不再需要遵照醫生吩咐的飲食方式和做一切的冥想。當我靈裏最渴望的空缺被填滿時，我的身體也得到醫治。

說先知性的預言來祝福別人

雖然我給你們一些例子幫助你們開始,但是尋求聖靈賜給你受教者的舌頭,可以適時的釋放宣告上帝特別的旨意或著是合宜的話。如果情況許可的話,同時以方言禱告和敬拜並進,來尋求聖靈引導。

你可以從上述的這些例子開始,相信聖靈也會引導你。要聽聖靈的聲音,可能剛開始會有點卡卡的不習慣, 但你會很快就抓住上帝的心意,而且會越來越順 。

為工作禾場祝福

從我過去的經歷,讓我們回到第一章把我的例子,套用到你的處境上。敞開心看上帝光照你什麼?祂或許要調整你的觀點。祝福並不是一種魔咒。例如: 上帝不要人去買不需要的東西,上帝也不會祝福懶惰和不厚道的人。你需要吻合祂的這些條件,只有當你開始祝福你的事業,上帝會幫助你把你的事業從現在的位置帶到祂要的地方。敞開你的心,聽從上帝的指示,或是聽祂帶到你身邊的人的忠告。並且期待上帝的恩惠降臨, 因為祂愛你,也要你亨通。

班福克斯的見證如下:

我從事的房地產業,在過去幾年有很大的變化,我的工作也因此很不景氣。我去找好幾個人為我的事業禱告,因為我的工作一直的減少,讓我非常的擔心。

2015年初,大約同一時間,我聽到布朗登先生講授一系列有關工作、事業、家庭和其他領域的祝福時。直到這時候,我禱告的焦點始終都是求上帝來幫助我。沒有人教導過我自己可以祝福的見解,但我現在看到這其實已經寫在聖經上了,並且我知道上帝呼召我們, 也賜給我們權柄,奉耶穌的名去做。所以我開始祝福我的工作,宣告上帝的話語並為我的工作感謝上帝。我持續每天早晨祝福我的工作,並為我的新的業績感謝上帝,請上帝把新的客戶賜給我,讓我可以幫助他們。

在接下來的十二個月,我的工作量顯著的增加,並且從那以後, 很多時候工作是多到我忙不過來。我學到如何把上帝帶進來我日常的工作裡,祝福我們的工作是上帝要我們做的其中一件事。我完全的仰賴上帝, 也開始邀請聖靈進入我每天的工作中,請聖靈賜給我智慧和創意。我特別注意到,每次我請聖靈幫助我有效率的工作時,我通常都可以比預期的時間早完成我的工作。

我注意到這個有關祝福的教導以及如何做,似乎已經被許多教會遺忘了, 因為當我和其他的基督徒談到這個部份時,他們都沒注意到。為我的工作祝福,不僅成為我日常的習慣,我也祝福其他人。我期待看到我奉耶穌的名,所祝福的這些人、事、物,都按著上帝的旨意成就。

為社區祝福

我們也該為和教會類似的機構 – 社區祝福。

奉耶穌的名祝福……………社區的居民可以認識上帝,知道上帝對你們生命的旨意,並讓祂的祝福臨到你們個人、家庭,並在你生命中的每個處境掌權。

我祝福在……………社區的每個家庭。我祝福每個家庭,每個婚姻和每個家庭成員之間的關係融洽和諧。

我祝福你們的健康和財富。

我祝福你們手所做的工，我祝福你們的工作、事業和生意繁榮昌盛。

我祝福在學校的每個孩子，我祝福他們明白領受學校所教的。我祝福這些孩子的智慧和身量，以及神和人對他們的喜愛，都不斷增長。我祝福學校的每位老師，我祝福平安充滿整個校園，並且上帝的真理可以在學校教導這些孩子們。

我對這個社區的每位居民的心說話：我祝福他們敞開心追求渴慕聖靈，並且積極回應上帝的聲音。我祝福他們也經歷領受神國滿溢的恩典與祝福。

顯然這類的祝福禱告，應該按著每個社區的需要來量身訂做。如果是一個農業型的社區，你可以祝福土地和一切的牲畜；如果有很多失業的人口，可以祝福當地的企業增加就業機會。針對他們的需要去祝福。不要擔心他們是不是配得！他們是可以感受到祝福是從哪裡來的。

為土地祝福

在聖經舊約創世記中，我們看到上帝賜福給人類，讓人治理、管理這地，要吩咐他們：要生養眾多。這是人類最初的一個榮耀。

前一陣子在肯亞的時候，我遇到一位宣教士，他收容在街上流浪的孩子，並教導他們農業的知識和技巧。他告訴我有一個回教徒告訴他，他們的土地是被咒詛的，因為所栽種的都不生長出產。於是這位宣教士和他基督徒的朋友們就為這塊地祝福，這塊地就變得很肥沃。這是上帝透過祝福釋放出大能一個非常顯著的例子。

在肯亞的時候，我也常繞著我們教會贊助的孤兒院祝福禱告，我祝福他們菜園所種植的一切，我祝福他們所飼養的一切牲畜。(我祝福我自己家裡種的果樹就結實累累)

布傑夫牧師告訴我在菲律賓有一間教會，在嚴重乾旱的時候祝福他們自己的一塊地。這塊地成為在那個乾旱時期，唯一有下雨的地方。教會附近的一些農夫，也沿著教會外圍的水溝引水灌溉他們的稻田。這是另一個上帝透過祝福釋放大能的超自然神蹟。

祝福讚美上帝

雖然我把這個部份留到最後，但其實應該是要放在最前面。我之所以把它放在最後面，因為它和前面所提到的：對人或處境說出上帝的心意和恩寵是不一樣的。這是讓上帝喜悅的一個想法！

我們如何的祝福讚美上帝呢？詩篇103篇是一個很好的示範：

我的心哪，你要稱頌耶和華，不可忘記祂一切的恩惠！

上帝的恩惠有那些呢？祂赦免我們的一切過犯，醫治我們一切的疾病，救贖我們脫離死亡，以仁愛慈悲為冠冕，以美物使我們所願的得以知足，使我們如鷹返老還童。

我操練每一天為上帝親自做的，和透過我去做的一切都獻上感謝。我記住並感謝祂所做的一切。這祝福了上帝，也祝福了我自己。當一個小孩為你做的或說的話感謝你時，你心裡有什麼感受？我相信這會使你的心感到溫暖，想再為他做更多。

一位讀者的結語

我很難去解釋"祝福"是怎麼改變了我的生命。截至目前為止，在我有限的經驗中，我發現當我主動為人祝福時，沒有人會拒絕。我甚至有機會祝福一位回教徒。為人祝福，是為那個人的人生開一扇新的門。… 是如此的簡單，可以很容易的就把上帝的國度，帶進一個處境和人的生命裏。對我而言，可以為人祝福是在我的屬靈百寶箱裡增加一個特別的工具… 就好像我之前人生中失落的那個部分，被找回來放回原來的位子… – 珊蒂

應 用 篇

- 若你想到有哪個人傷害了你,先原諒他,然後更進一步為他祝福。

- 思想一下有哪些你常講的話,是不是咒詛你自己或別人? 如果有,你打算怎麼做?

- 寫下對你自己、配偶和你孩子的祝福。

- 對你的朋友和屬靈同伴說預言。問聖靈賜下對特定事情的啟示和鼓勵的話語。可以先從普遍性的祝福開始,例如: 我奉耶穌的名祝福你,願上帝在你生命中的計畫和旨意能成就,….然後等候聖靈的帶領(別忘了你有耶穌的心思),賜給你話語繼續為他祝福。然後,請你的同伴也以同樣的方式為你祝福。

- 在教會組一個禱告會,為你的社區做祝福和醫治的禱告,或是為你已經參與的事工祝福。

如何成為基督徒

這本書是寫給基督徒的。這裏我所說的基督徒不是指過好生活的人,乃是針對重生受聖靈的洗、愛上帝和跟隨主耶穌基督的人。

人是由靈、魂、體三個部份組成的。靈的部份是為了認識上帝與聖靈連絡。人類是為了與主有親密的關係而造的,(我們的靈直接與聖靈連接)。但人犯了罪,與上帝隔絕, 結果使我們的靈死去,並失去與上帝之間的連結。

因此,人們就靠自己的魂和肉體。魂包含思想、情感和意志三部份。所帶出的結果,就是活在情慾的世界裡: 自私、驕傲、貪婪、飢餓、戰爭,沒有真正的平安。

但上帝有救贖人類的計畫。上帝差派祂的獨生子,主耶穌基督來到這個世界上道成肉身,讓我們知道上帝的樣式,人若看見了我,就是看見了父, 並且為我們的罪而死。耶穌釘死在十架上,是上帝早已定好的屬天計劃,這也詳述在舊約聖經中。藉著耶穌為我們的罪付上代價,使上帝的公義得以彰顯滿足。

之後,上帝使耶穌從死裡復活, 耶穌也應許凡信祂的人,要從死裡復活和祂一起得永生。祂現在賜給我們聖靈這位保惠師, 好叫我們知道祂,讓我們在一生中與主同行。

我們已經知道福音的本質: 只要你承認你的罪,相信耶穌為你的罪受刑罰釘死在十字架上, 並且從死裡復活,也將祂的公義賜給你。上帝會賜給你新的靈, 使你重生, 你就可以與主再次合一,這也是上帝最初創造我們的本意。當你的肉身死了,基督將帶你的靈進入永生,賜給你永存的榮耀。太棒了!

當你還在地上活著的時候,聖靈會幫助你,潔淨你, 使你更有耶穌的樣式,也要使用你成為別人的祝福。

以下這個禱告,只要你以發自內心跟著禱告,你就成為上帝的兒女:

親愛的天父，我奉耶穌的名來到祢面前。我向祢承認我是個罪人(向上帝承認你所有的罪)。請祢赦免我過去活在過犯之中，也沒有活在祢裡面。

我相信上帝的獨生愛子耶穌基督，為了我的罪，流寶血被釘死在十字架上。

祢在聖經上說：你若口裡認耶穌為主，心裏信神叫祂從死裡復活，就必得救。

現在我承認耶穌是我的主，我相信耶穌從死裡復活。我此刻接受耶穌成為我的救主，並且依照上帝的話，我已經得救贖了。感謝主，如此的愛我，為我的罪捨命。祢是奇妙的主，耶穌，我愛祢！

現在請聖靈幫助我，讓我成為祢起初造我時要我成為的人。帶領我的生命繼續在教會和團契中成長。禱告奉耶穌的名，阿們！

感謝您閱讀這本書。
歡迎您分享祝福如何改變您的生命,或您如何祝福其他人的見證。
請將您的見證寄至:

richard.brunton134@gmail.com

www.ingramcontent.com/pod-product-compliance
Lightning Source LLC
Chambersburg PA
CBHW071840290426
44109CB00017B/1885